En mis palabras

poemas por
Juan J. Lopez

All rights reserved. Printed in the United States of America. No part of this publication may be reproduced or transmitted in any form or by any means, electronic or mechanical, including photocopy, recording, or any information storage and retrieval system, without permission in writing from the publisher.

Copyright © 2007 by Juan J. Lopez. All rights reserved.
ISBN 978-0-6151-5030-7

Cover art by Ivan Lopez.   Editor: Kathya Lopez.

Dedicatoria

Agradecimiento a ese hombre que todo nos ha dado que casi de sol a sol a trabajado y su único afán era sacar a su familia adelante. Nos ha dado todo su amor que es lo más importante. Su esposa, hijos y nieto le agradecemos su amor, bondad y su gran comprensión. Que en los momentos más difíciles además de ser un padre es un amigo en el que puedes confiar. Gracias por los consejos que nos has dado y que no podemos olvidar, a ti te tenemos que agradecer todo esto y mucho más.

Contenido

Amor

Amor de Amante	1
Amoricidio	2
Amor Marchito	3
Amor Silente	4
Angelical	5
Ansias	6
A Ti Me Entregare	7
Aunque Tu Amor Sea Prohibido	8
Bella Ilusión	9
Buscando Un Amor	10
Celos	11
Contigo Al Garete	12
Cuando Nos Vemos	13
Cuando Pienses en Mi	14
Cuanto Te Quiero	15
Divino Amor	16
El Día Que Tenga Tu Amor	17
Enamorarse y Amar	18
Eres Mi Adorada	20
Labios De Miel	21
Las Artes y Tu	22
Las Perlas de Tu Sonrisa	23
Mar de la Ilusión	24
Me Hace Sentir	25
Mía Aun Distante	26
Mi Adorada	27
Mi Amor Tendrás	28
Nada Soy Sin Ti	29
Para Seguirte Amando	30
Para Soñar Contigo	31
Prenda Amada	32
Promesas de Matrimonio	33
Quisiera Ser Pintor	34
Semilla de Amor	35
Sentirte Mía	36
Serenata	38

Siempre Mía Serás ... 39
Silente Amor ... 40
Si Soñaras ... 41
Soñándote Mía ... 42
Soñando Que Esto es Posible ... 43
Sufro de Mal de Amores ... 44
Tentación ... 45
Te Quiero ... 46
Tiempo Tuyo Y Mío ... 47
Trigueñas ... 48
Tú, Mi Cielo ... 49
Verbo Amar ... 50

Familia

Brindis de Boda ... 51
Milagros de Unión Familiar ... 52
Feliz Día de las Madres ... 53
Madre ... 54
Serás Madre ... 55
Sueños de un Padre ... 56
El Abuelo ... 58

Patria

Mi Bandera ... 59
Nuestro Suelo Borincano ... 60
Orgulloso de Ser Borinqueño ... 61
Patria Libre y Soberana ... 62
Pensando en Puerto Rico ... 63
Bajo la Luz de la Luna ... 64
Raíces Cultivando ... 65
La Salsa de la Montaña ... 66
Sembrar la Yuca ... 67
Guillo: El Manda Más del Güiro ... 68
Navidades Borinqueñas ... 69
Las Octavitas ... 72

Tributo

A Rafael Hernández 73
Chago Alvarado 75
En Memoria de Gilberto Monroig 76
Memorias de Bobby Capó 77
Memorias de Cheito González 78
Nuestra Carmen Delia Dipiní 79
Nuestra Julia de Burgos 80
Tributo a Placido Acevedo 81
Reseñas de Orlando Montalvo 82
Recordando a Felipe 83

Amor de Amante

El amor es complicado
el amor hace sufrir
pero el más lindo sentir
es estar enamorado.
Te resulta contrariado
Y hasta lo sientes distante
No importa que sea bastante
El amor que nos profesan
que bello es cuando nos besan
entre brazos de una amante.

Ese amor sacrificado
que entero siempre se entrega
fuerte en el corazón pega
y lo tildan de pecado.
Pero es el más deseado
y lleva la voz cantante
pues suena tan resonante
que el alma hace vibrar
bien lo podrás comprobar
entre brazos de una amante.

Esos poquitos momentos
que le robamos a la vida
sin dejar que nada impida
que disfrutemos contentos.
Se sufren muchos tormentos
y resulta interesante
porque sí el amor constante
te pudiera enloquecer
disfrutarías de gran placer
entre brazos de una amante.

Tal vez sea amor prohibido
pero es el amor más bello
y mire, póngale el sello
que ha de ser amor sufrido.
Le hará perder el sentido
sonara hasta discordante
será la espina punzante
pero que contrariedad
sentirás felicidad
entre brazos de una amante.

Amoricidio

Nuestro amor termino
al olvido paso
así lo deseaste
de un golpe se quebró
y si el amor murió
fue que tú lo mataste.

Sepultado quedo
la distancia brindo
el fúnebre cortejo
que acompaño al amor
sin adiós o dolor
al campo santo viejo.

Y si fue un nuevo amor
que a tu puerta toco
y tú te enamoraste
el destino me dio
un golpe que dolió
a un lado me tiraste.

Que seas muy feliz
no seré nube gris
de ti yo me he apartado
yo no daré un desliz
yo no seré un tapiz
no seré pisoteado.

Tú con tu nuevo amor
que tengas lo mejor
yo mi camino sigo
no guardare rencor
y aunque sienta dolor
tan solo los bendigo.

Amor Marchito

Como un pétalo de rosa fue tu amor
bello, tierno, muy hermoso
algo sutil muy precioso
todo lleno de esplendor
pero no resistió el calor
el que mi amor te brindo
y mi corazón sintió
tu amor ir desvaneciendo
tal vez sin querer, queriendo
y como flor marchito.

El olvido no es opción
para sanar un alma herida
cuando se ha vivido la vida
con tan bonita ilusión
después de esta situación
para mí todo cambio
por que el amor se murió
no pude resucitarlo
solo tengo aceptarlo
que como flor marchito.

De la rosa solo espinas
quedan dentro de mi alma
y debo sufrir con calma
aunque el alma se deprima
aunque no llegue a la cima
a la cumbre del amor
por el terrible dolor
de esas espinas que matan
y que realmente destan
lo que deja un desamor.

Creí ser buen jardinero
al cuidar mí bella rosa
para que luciera hermosa
desde febrero hasta enero
y todo el tiempo venidero
no sé dónde me fallo
o que cuidos le falto
para irse así afectando
sus pétalos deteriorando
y como flor marchito.

Amor Silente

Recorría su calle como peregrino...
y yo la buscaba en cada rincón
y no pude hallarla, bendito destino...
que fuerte castiga a mi corazón.

Pregunte al cartero si él conocía
de su paradero y su dirección...
me dijo lo siento, que el no sabia...
y que no reside en la población.

Me fui hasta la iglesia, para ver el cura
rece una plegaria con gran devoción...
dijo el reverendo no la he visto en misa
tampoco la he visto para confesión.

Salí de la iglesia y fui a la farmacia...
allí el boticario a mí me atendió
pregunte por ella, y para mi desgracia
con mucha tristeza, me dijo que no.

Fui hasta los bomberos, a la policía
no la conseguía, por mas que trate
pero solo culpo a mi suerte impía...
la he buscado en bano, pues no la encontré.

Ahora me doy cuenta, todo esto ha cambiado
todo es diferente a cuando marche
hacen treinta años y ahora eh regresado
y nunca le dije que siempre le ame.

Angelical

Es un cielo acojinado
con sus nubes de algodón
con una gran colección
de diamantes adornados
paisaje por Dios creado
de belleza sin igual
desde su trono celestial
sintió que algo le falto
entonces a ti te creo
con belleza angelical.

Más sexy no puedes ser
con tus dotes femeninas
al hablar, cuando caminas
que hermosura de mujer
y fue que el Gran Poder
en un místico ritual
te hiciera sensacional
al completar su creación
haciéndote a la perfección
de forma monumental.

Te obsequio unos ojos bellos
una sonrisa encantadora
haciéndote seductora
con tus preciosos cabellos
que adornan tu hermoso cuello
en una forma especial
frescura de manantial
a tu aliento él le dio
y también el te doto
con un cuerpo escultural.

Gracias, gracias Dios amado
por completar tu paisaje
con tu bello personaje
lo máximo que has creado
de ella he quedado prendado
pues la hiciste bien jovial
con carisma espiritual
le echaste tu bendición
tu más perfecta creación
con belleza angelical.

Ansias

Tus ojos, tu pelo, tu cara...
tus labios carnosos, cual pétalos en flor...
despertaron en mí, una sensación muy clara...
con energías y brío;...lo que se llama amor.

Tu figura escultural, en mi provoca
un sentimiento intenso, que me hace estremecer
unas ansias inmensas de depositar en tu boca
el más tierno beso que reciba tu ser.

Tu tersa cabellera quisiera acariciar
y en tu preciosos cuello sutilmente morder
sin dejar una huella que pudiera marcar
ese instante glorioso, al dejarte querer.

Mis manos por tu talle quisiera deslizar
y sobre tus glúteos poderlas detener
y la gloria infinita poderla así alcanzar
al tenerte entre mis brazos, preciosa mujer.

Y al sentir tus pechos apretados al mío
se acelerara de pronto mi amante corazón
me sentiré completo, se llenara el vació
solo será el comienzo de una inmensa pasión.

Te amare intensamente como nunca has soñado
un torrente de bríos se ha de desbordar
y besaría tu cuerpo cual loco enamorado
hasta esta sed de amarte, la pueda yo saciar.

Y al fin sentirte mía al yo sentirme tuyo
y que nuestro amor germine con fuerte raíces
si el mundo se entera, ese será mi orgullo
para que tú y yo seamos, por siempre felices.

A Ti Me Entregare

Unamos nuestros labios en un beso
tan profundo y candente que llegue al corazón
que yo disfrutare de ese dulce embeleso
aunque aturda mi mente y pierda la razón.

Devora con tus labios estas ansias de amarte
calciname completo con tu fuerte pasión
porque así saciare esta sed de adorarte
haciendo realidad, esta gran ilusión.

Que tus brazos me brinden el dogma de quererte
al estar entre ellos recibiendo tu calor...
será una bendición, al tener yo la suerte
de disfrutarte toda, y de tener tu amor.

Reciproco será el amor que me entregues
o tal vez mucho más, te lo duplicare
pero un favor te pido, que con mi amor no juegues
porque en cuerpo y alma, a ti me entregare.

Aunque Tu Amor Sea Prohibido

Me gustas tanto mujer
no importa que tengas dueño
contigo yo siempre sueño
y te quiero conocer.
No pienso retroceder
ya lo tengo decidido
yo le pediré a Cupido
a ti te pueda flechar
pues te quiero conquistar
aunque tu amor sea prohibido.

Quiero ganarme tu amor
y sabes te soy sincero
yo seré buen jardinero
pa cuidarte bella flor.
Porque tú eres mi primor
que me escuches yo te pido
porque para ti he vivido
y así yo continuare
y para ti viviré
aunque tu amor sea prohibido.

Si es que amarte es un pecado
pues yo seré un pecador
es que todito mi amor
yo te lo tengo guardado.
De ti estoy enamorado
y yo siempre tuyo he sido
pero nunca había podido
sacarlo yo de mi pecho
de que te amo es un hecho
aunque tu amor sea prohibido.

En sueños a ti te nombro
mira si eres importante
con convertirme en tu amante
con esos yo me conformo.
Y mira si esto es el colmo
desearía ser tu querido
o esclavo bien complacido
al sentirme todo tuyo
para mi seria un orgullo
aunque tu amor sea prohibido.

Bella Ilusión

Como no ilusionarme,
si el lenguaje de tus ojos me dice que me quieres
Como no ilusionarme,
si el fuego de tus besos me calcinan de amor
Como no ilusionarme,
si siento que complazco toditos tus antojos
A tus pies yo me rindo, Ho mi preciosa flor.

Tus caprichos son ordenes, las que eh de cumplir
de que quedes complacida, yo siempre tratare
contigo, mi vida la quiero compartir
y siempre que tú quieras, a tu lado estaré.

Tú diste a mi vida la razón de vivir
con tus mismos, tu apoyo y tu gran comprensión
dándome energía y deseos de existir
para seguir viviendo, la más bella ilusión.

Tus caricias me brindan total relajamiento
cuando tenso me siento, a tus brazos yo voy
entre ellos encuentro total fortalecimiento
eres tu quien me has hecho, el hombre que yo soy.

Cuando tú estas ausente, te escucho hasta en el viento
en las sutiles notas de una bella canción
en cada flor que miro, presente todo el tiempo
porque para mí tú eres, mi más bella ilusión.

Buscando Un Amor

Estoy buscando un amor
del que nunca he disfrutado
estoy buscando ese amor
todavía no lo he encontrado.

Es que buscando el amor
muchas puertas he tocado
una pena que el amor
donde toco nunca ha estado.

Yo no conozco al amor
de frente no lo he mirado
no sé si tiene color
o si anda perfumado.

No sé de su descripción
bello si, lo he imaginado
porque es una bendición
para el que este enamorado.

El día que encuentre al amor
con el cual siempre he soñado
le daré gracias al cielo
por tan precioso regalo.

Celos

¿Celos?
Hay Dios quien los inventariá
no sé ni lo que daría
por calmar este desvelo.

Pero es que hablando de celos
no me considero celosos
un poquito cauteloso
ya que el celo es vanidad
que invade la privacidad
del que esta amando dichoso.

¡Ha! Pero el amar es hermoso
es el más bello sentimiento
y aunque cause sufrimiento
el amar es virtuoso.

Se siente uno gozoso
auque en silencio este amando
aunque le este sofocando
la alta temperatura
de todo ese amor y ternura
que se le este desbordando.

Y luego llega ese día
que te vistes de valentía
y se lo dejas saber
a ese especial bello ser
lo mucho que le querías.

Digamos que te aceptaron
en novios se han convertido
con la bendición de Cupido
seguro que los flecharon.

Piensas detenidamente
en hacer de ella tú esposa
pero la notas celosa
y tal vez tú te arrepientes.

Oye mantente tranquilo
no dejes que eso te altere
el celo es parte del amar
el que cela es porque quiere.

En Mis Palabras

Contigo Al Garete

Por el caudaloso río de tu pasión
me dejo arrastrar por su corriente
siendo de tu cariño recipiente
a ti te entrego todo mi corazón.

En este viaje placentero, lo mejor
es el flotar en la balsa del ensueño
sintiendo que de ti, yo soy el dueño
desembocando en el mar de tu amor.

Al seguir navegando, cual solo peregrino
tú serás la estrella que me guíe
logrando que en ti, totalmente confié
y reconozco, tú eres mi destino.

Te encontrare al final de mi camino
ese será mi más esperado momento
y lleno de emoción, jubiloso, contento
me uniré a ti, ante tu amor divino.

Cuando Nos Vemos

Me ofreces tus labios húmedos y tiernos
cual pétalos dulces, repletos de miel
esas veces lindas, que podemos vernos
y juntos logramos, contactos de piel.

Tus caricias locas, a mí me transportan
y en mi pecho late, fuerte el corazón
el sudor de amarte, de mis poros brotan
al estar envueltos, en una pasión.

Yo beso tus labios repetidas veces
con locura inmensa, con gran frenesí
y siento de veras, que me perteneces
y que en cuerpo y alma, pertenezco a ti.

Cuando Pienses En Mí

Cuando te encuentres sola, a la distancia
y sientas el deseo febril de estar conmigo
solo sierra tus ojos y contigo
mí amada yo estaré, para calmar tus ansias.

Si de pronto tu libido supera sus niveles
abraza tu almohada fuertemente sobre tu pecho
y siénteme que estoy allí, en tu calido lecho
y deshójate, cual ramo de claveles.

Por más que quieras, no pronuncies mi nombre
y muérdete tus labios con esa sensación
ya que estarás viviendo la más bella ilusión
al sentirte tan mía, y que yo soy tu hombre.

Cuanto Te Quiero

Perdoname si no sé expresarlo con palabras
lo mucho que te quiero y que te amo
si tan solo sé expresarlo con mis labios
comiéndote a besos, como un loco enamorado.

Perdoname si no soy galante y expresivo
y no logro decirte mis profundos sentimientos
solo sé tomarte entre mis brazos
sin saberte decir lo que yo siento.

No se como podré expresarte mi cariño
no se como podré sacarlo de mi corazón
pues a veces sin saber porque razón
de rojo sangre, mis sentimientos tiño.

En las paginas obscuras y amargas de mi vida
te gravaste allí para endulzar
y con tus dulces mimos subsanar
las huellas mas profundas de mi alma herida.

Te amare' como aquel que más amo' en la vida...
con este gran amor tierno y sincero
no debes de dudarlo, prenda querida
aunque jamás pueda decirte,...cuanto te quiero.

Divino Amor

Quisiera tener alas, para volar al cielo
y una vez en la gloria, allí buscar tu amor...
porque ha de ser divino, amor y sincero...
y debe estar muy cerca de Dios, nuestro señor.

Implorare' a San Pedro, me permita la entrada...
y también a Cupido, que es el Dios del amor...
Me conceda el flechazo, de ti, mi prenda amada...
En centro de mi pecho, no sentiré temor.

Y que muy jubilosa, a mí, Tu amor entregues...
muy segura de ti, sin duda o confusión
y entonces junto a mí, a nuestro Dios le ruegues...
que de el recibamos, su santa bendición.

Que nos permita, siempre felices seamos
y que así disfrutemos de este gran amor...
que el cielo se entere, que tú y yo nos amamos...
y sus estrellas brillen en todo su esplendor.

Que en cada beso tuyo, al yo besar tus labios...
se estremezca mi cuerpo, con esa sensación
la de sentirme tuyo, sin pensar en agravios
aunque resulte esclavo de tu gran seducción.

Todo esto seria, totalmente fantástico
para mi lo más bello, seria tener tu amor...
pensando en ti, seré todo un romántico
o tal vez simplemente, un pobre soñador.

El Día Que Tenga Tu Amor

Mi pensamiento no es mío
porque siempre esta contigo
y al no tenerte conmigo
yo sufro hasta desvarío
mi cuerpo se siente frió
pues no tengo tu calor
y hasta me causa temor
que por ti pierda la mente
todo seria diferente
si yo tuviera tu amor.

Yo no sé ni que seria
o que esperar de mi suerte
no puedo decir perderte
porque nunca has sido mía
eso sí, lo desearía
porque tú eres mi primor
la cura para el dolor
el que sufro diariamente
pero seria diferente
si yo tuviera tu amor.

Eres la luz que ilumina
claramente mi camino
y creo, para mi destino
eres la prenda más fina
que mucho a mí me fascina
tu tersura y tu color
cual la más preciosa flor
cultivada en el vergel
con tu polen haría miel
si yo tuviera tu amor.

Es tu cutis de alelí
y tus labios de azahar
yo los desearía besar
dime si son para mí
el día que me des el sí
para mí será el mejor
se desbordara el vigor
el que para ti he guardado
seré feliz a tu lado
el día que tenga tu amor.

Enamorarse y Amar

¿Que es enamorarse?...
Enamorarse es sentir
dentro del alma, en lo más profundo
lo más bello de este mundo...
que siempre nos haría sonreír.

Enamorarse es vivir...
esos tan bellos momentos
que aunque nos causen tormentos...
no queremos desistir.

Porque el amar es sufrir
es entregarse total
aunque resulte fatal
al nuestros sentimientos herir.

Cuanto duele el estar enamorado...
como duele una ilusión
al no ser reciprocado...
pero lo más que hiere el corazón...
es el amar;....el amar sin ser amado.

Eres Mi Adorada

Tengo hambre de ti
también voy sediente
de un beso candente
que me des a mí
Y me inspiro así
porque eres mi amada
la prenda preciada
que me hace sentir
por ti he de vivir
eres mi adorada.

En la intimidad
al en ti pensar
me siento llenar
de felicidad
la necesidad
ha sido llenada
por esa llegada
de ti a mi memoria
porque tú en mi historia
eres mi adorada.

La noche al caer
allí en mi aposento
feliz yo me siento
lo puedes creer
te siento tener
sobre mi almohada
pareces un hada
en mi pensamiento
en todo momento
eres mi adorada.

Al romper la aurora
cuando me despierto
aunque no sea cierto
te veo a esa hora
mi alma atesora
tu bella mirada
aunque sea soñada
la disfrutare
y siempre diré
eres mi adorada.

Eres Mi Alegría

Como corla de una flor abierta
así brindaste tus labios con su miel
provocando que ansias y el deseo de la piel
tocaran fuertemente al umbral de mi puerta.

Al más leve toque de mis manos
anunciaste sentir un cosquilleo
y yo colmado de emoción, sintiendo el deseo
ese deseo carnal que sentimos los humanos.

Con tu voz melodiosa
y esa tu picara mirada
lucias tan radiante, tan bella, tan hermosa
que tu piel invitaba a que te acariciara.

Tu mirada hechicera
y tú hermoso cabello
y tu precioso cuello
el cual morder quisiera
que cosas te dijera
para así convencerte
y por ello, hasta mi vida diera.

Me siento en agonía
cada vez que te veo
porque siento ese deseo
el de sentirte mía
que mi vida daría
por yo sentirme tuyo
Oh precioso capullo
Tú eres mi alegría.

Labios de Miel

Las huellas de tus labios, tu gravaste
bien profundas en mi boca soñadora
y el néctar de tus besos me entregaste
con tu sonrisa preciosa y seductora.

Entre tus brazos yo conocí la gloria
y el placer infinito de amar a una mujer
como perla incrustada estarás en mi historia
llevándote mi amor y todo mí querer.

Si el destino indecible muy lejos me llevara
donde fuera imposible, yo te pudiera ver
me mordería mis labios y otra vez saboreara
la miel que de los tuyos, me dejaste beber.

Y a la la miel de tu boca volver a saborear
percibiría al aliento de tus besos de fuego
al sentirte tan mía, se crecería mi ego
y té tenería tan cerca tan solo con soñar.

Las Artes y Tú

Desearía plasmar en un papel
un dibujo de tu bella figura
y esculpir sobre mármol con cincel
tu belleza y toda tu hermosura.

No soy pintor para pintarte
ni tampoco escultor para esculpir
es una pena que solo tenga arte
para admirarte y para ti vivir.

Desearía siempre estar juntito a ti
en los momentos cuando tus ojos abras
y en un verso describir, la belleza que en ti vi
pero al tratar no puedo, me quedo sin palabras.

Solo sé que te admiro y que te quiero
de que te amo, no tengo confusión
para mí lo eres todo, tú eres lo primero
y este amor tan profundo, se vuelve una obsesión.

Las Perlas de Tu Sonrisa

Me quedo extasiado al verte
con tus ojos soñadores
y tus labios seductores
que me dejan casi inerte.
Y me obligas a quererte
mostrándote bien sumisa
la suavidad de la brisa
en tu aliento la percibo
y con amor yo recibo
las perlas de tu sonrisa.

Tu cabello seductor
cuando con él juega el viento
me deja a mí sin aliento
y me transpira el sudor.
Te miro como a la flor
la que quisiera hacer trisa
y siento que se agudiza
un dolorcito en mi pecho
pues me han dejado deshecho
las perlas de tu sonrisa.

Tu precioso caminar
me fascina, me enloquece
porque tu cuerpo me ofrece
lo que siempre he de anhelar.
No me canso de admirar
tu belleza tan precisa
cuando al caminar sin prisa
cual modelo sonriendo
me quedo estaciado viendo
las perlas de tu sonrisa.

Cuando a ti te veo bailando
moviendo tus bellas piernas
mostrando así las más tiernas
formas de estar coqueteando
y yo al estarte observando
mi mirada se desliza
por tu cuerpo se agudiza
el dolor en mi corazón
pues me llenan de emoción
las perlas de tu sonrisa.

Mar de la Ilusión

No tengo remos ni vela
ni mucho menos motor
que me propulse o me mueva
en tu corriente de amor.

Es una corriente fría
y me arrastra sin timón
no tengo control del curso
que me ha trazado tu amor.

Solo voy a la deriva
en frágil embarcación
sin que mi alma reciba
calor de tu corazón.

Quisiera ser capitán
y retomar el control
de la barca del ensueño
donde navega mi amor.

No llego ni a marinero
es triste mi situación
porque me encuentro perdido
en el mar de la ilusión.

Me Haces Sentir

Quisiera ser luz, que alumbre tu camino
también ser agua, con la cual te bañas
esa melodía, la que más extrañas
en fin, ser parte de tu gran destino.

Para mí tú eres, algo muy divino
eres tan hermosa, verte es un placer
la más bella y sexy, preciosa mujer...
que embriagas mi ser, cual más rico vino.

Tienes la tersura de un pétalo en flor...
tienes el candor de una hermosa estrella...
es que eres, tan tierna y tan bella
de solo mirarte instigas al amor.

Como terciopelo es tu cabellera...
y son tus ojazos, dos bellos luceros
si tus labios guardan besos hechiceros
quisiera probarlos aunque me muriera.

Tu preciosa boca y tu bella sonrisa...
quisiera disfrutarlas a cada momento
desearía ser mago, y detener el tiempo
pues para admirarte nunca tendré prisa.

El resto de tu cuerpo no he de mencionar
por no haber palabras para describir
todas estas cosas que me haces sentir
el deseo constante de poderte amar.

Mía Aun Distante

Las Huellas de tus labios, tu gravaste
bien profundas en mi boca soñadora
y el néctar de tus besos me entregaste
con tu sonrisa preciosa y seductora.

Entre tus brazos yo conocí la gloria
y el placer infinito de amar a una mujer
como perla incrustada has quedado en mi historia
llevando mi amor y todo mí querer.

Si el destino indecible, me llevara muy lejos
donde fura imposible yo te pudiera ver
me mordería mis labios, al mirar los espejos
recordando los tuyos, los que pude tener.

Percibiría el aliento de tus besos de fuego
y la miel de tu boca volvería a saborear
al sentirte tan mía, se crecería mi ego
y te tendré tan cerca, tan solo con soñar.

Mi Adorada

Si consideras error
ese amor, el que tuvimos...
hoy te digo con valor
que en nuestras cuitas de amor
fue bello lo que vivimos.

Por mi parte yo te ame
y te seguiré queriendo
si algún día quieres volver
aquí tienes mi querer
te esperare sonriendo.

Entre mis brazos de nuevo
te sentirás bien amada
en mi corazón te llevo
con cariño te lo pruebo
siempre serás mi adorada.

Y si no deseas volver
nuevamente tú a mis brazos
te deseare lo mejor
en nombre de nuestro amor
con mi alma hecha pedazos.

Mi Amor Tendrás

Como ves, en mi mente te tengo
te quiero y lo sostengo
que tú eres mi amor...
esta vez, te lo juro de nuevo
a mil cosas, contigo me atrevo
aunque sufra dolor.

Ya sabrás de que estoy convencido
que para ti he vivido
y que tuyo seré
no importa que se oponga el destino
este amor es divino
y siempre te querré.

Esperare ese momento hermoso
el momento glorioso
cuando mía tu serás
realizare, al fin así mi sueño
y al sentirme tu dueño
todo mi amor tendrás.

Nada Soy Sin Ti

Bien sabes cariño
lo mucho que te quiero
que no me importa nada
lo que pueda ocurrir...
pensando en tus labios
a veces me desvelo
si no tengo tus besos
yo no puedo vivir.

Y si me importa mucho
es, saber si tú me extrañas
pues vivo enamorado
de ti linda mujer...
que a veces en mis noches
mi corazón me engaña...
y siento que en mis brazos
te duermes de placer.

Pero sufro la angustia...
de esas horas amargas...
y no esta junto a mí
entonces en que siento
que se me parte el alma
y ahí mismo es que comprendo
que nada soy sin ti.

(declamado)

Bien sabes que te quiero
como nunca he querido...
y que siempre eh soñado
contigo mi amor
que hasta en sueños sufro
el terrible dolor
de sentirte a mi lado...
y tu no estas conmigo.

Para Seguirte Amando

Como quisiera gritarle al mundo que te quiero
y que te amo con todo el corazón
si no estoy contigo, te juro desespero
porque tú eres mi más bella ilusión.

Debo callarlo tu sabes las razones
y nadie, nadie, nadie se debe de enterar
sabes que acepto todas tus condiciones
y por nada en el mundo te dejare de amar.

Tú debes mantener el secreto conmigo
por mas que te pregunten lo debes de negar
di simplemente que solo soy tu amigo
y nuestro amor tan bello secreto ha de quedar.

Mientras transcurra el tiempo, te seguiré queriendo
y que siempre seas mía yo estaré deseando la experiencia
más bella contigo estoy viviendo
y por ti viviré, para seguirte amando.

Para Soñar Contigo

Cuando la penumbra de la noche
invada mi aposento
aprovechare ese sutil y esperado momento
y de pensamientos hacia ti, haré un derroche

Pensare en el primer momento en que nos vimos
en tus ojos bellos
en la sonrisa de tu boca nacarada
en tu cautivadora y lánguida mirada
en la tersura de tus hermosos cabellos.

Pensare que subes la escalera
con cadencioso andar
y te puedo mirar
como por vez primera.

Cual flor de primavera
deslumbra tu candor
haciendo que el amor
me corra por mis venas
de forma muy certera.

Te veo caminar cadenciosamente
con ese contoneo de tus lindas caderas
y entonces es de veras
que me pongo impaciente
y siento de repente
que a mi lado estuvieras.

Despierto, aun te sueño
y aprieto mi almohada
porque tú eres mi amada
y quiero ser tu dueño
pondré todo mi empeño
para que estés conmigo
y cerrare mis ojos
para soñar contigo.

Prenda Amada

Quisiera gritarle al mundo
lo mucho que yo te quiero
que yo por ti sufro y muero
con este amor tan profundo.
Claramente lo difundo
al darte yo una mirada
la cual siempre esta enfocada
en tu belleza y candor
para ti es todo mi amor
eres tú mi prenda amada.

Tus ojos me han hechizado
tus labios me hacen temblar
con su dulzura al besar
con eso me has conquistado.
Y me siento fascinado
cuando yo te veo sentada
así con la pierna cruzada
y tú te ves tan sensual
para mi no hay nada igual
eres tú mi prenda amada.

Tu rítmico caminar
me fascina y me enloquece
pues al mirarte parece
que te quiero devorar.
No me canso de admirar
tú figura bien moldeada
la cual ha sido creada
perfecta, a al perfección
y no cabe confusión
eres tú mi prenda amada.

Cuando te veo caminar
tan sexy y bella me luces
por completo me seduces
que hasta me haces sudar.
No te dejare de admirar
preciosa prenda dorada
eres luz en mi alborada
que alumbra mis sentimientos
aunque sufra mil tormentos
eres tú mi prenda amada.

Promesa de Matrimonio

Hoy si, que yo estoy contento
y me siento emocionao
es que en este momento
yo me encuentro enamorao.

A ella le he confesao
que la quería para mí
que me diera pronto el sí
que cupido me ha flechao.

Es que siempre la he admirao
por lo sencilla y hermosa
que es la mujer más preciosa
que mis ojos han mirao.

Son sus ojos dos luceros
y su cabello sedoso
tiene un caminao hermosos
y un muy bien formao trasero.

Pues como yo soy sincero
se lo honestamente
siempre la tengo en mi mente
y que siento que la quiero.

Pensé que la sorprendí
pues se me quedo mirando
y me dijo sonriendo
yo te voy a dar el sí.

Y me ha entrao un nerviosismo
que hasta me puso a temblar
y un frió que me hacia sudar
no me conocía yo mismo.

Era como un espejismo
no sé si podía creer
que el sí de esa mujer
causara en mi tanto erotismo.

Todavía estoy nervioso
pero no estoy confundio
me siento de ella, no mío
y eso me hace dichoso.

Somos novios oficiales
y esto es palabra de peso
pues un muy tierno beso
juramos sernos leales.

Me pregunto por casorio
le dije, hay que planearlo
con cordura hay que pensarlo
al hablar de matrimonio.

Me dijo, elevas mi ego
aunque no me digas nada
ya yo estaré preparada
pero de eso, hablamos luego.

Ahora a Dios yo le ruego
que nos dure nuestro idilio
pa comprarle un domicilio
por que a ella yo me entrego.

Pienso serio en matrimonio
y mucho he de rezar
con ella me he de casar
aunque me lleve el Demonio.

Quisiera Ser

Yo quisiera ser aquel
el que siempre este contigo
y quiero ser en tu vida
algo más que un simple amigo.

Yo quisiera ser aquel
el que siempre este a tu lado
diciendo a cada momento
de ti estoy enamorado.

Yo quisiera ser aquel
que nunca te cause agravios
que ande borracho de amor
con el néctar de tus labios.

Yo quisiera ser aquel
el de ti inseparable
con un amor tan inmenso
que resulte inigualable.

Yo quisiera ser aquel
que te brinde siempre abrigo
y todas mis alegrías
compartirlas yo contigo.

Quisiera Ser Pintor

Desearía ser pinto, y no poeta
para pintar tu rostro encantador
y con el místico pincel del amor
lograr pintarte, a ti completa.
En cada curva que tiene tu silueta
se define muy bien la imagen vuestra
que resalta, acentuá y que me muestra
tu hermosura con sin igual belleza
el lograr pintarte, seria con certeza
sin duda alguna, mi obra maestra.

Pintaría en tu mirada el bello fulgor
el que tienen los astros al amanecer
y tus lindos labios tendrían que ser
como dóciles pétalos de una hermosa flor.
Cual rosas tempranas de rojo color
y picara sonrisa, luciría preciosa
tu lánguida mirada seria como una diosa
si algún día te pudiera pintar
a ese cuadro lo tendría que llamar
sin duda alguna, mi obra más hermosa.

En cada pincelada que yo diera
el lienzo seria muy afortunado
al tener la suerte de ser seleccionado
para pintarte en él, como quisiera
afortunado yo, también lo fuera
si este sueño hermoso pueda realizar
de completa, mi amada, poderte pintar
con al forma explicita en que pudo verte
de la misma forma que siento quererte
y que en cada verso te logro rimar.

Semilla de Amor

Fueron tantas las bellas ilusiones
que pensando en ti, mi corazón forjo
para luego sufrir, solo desilusiones
que lleno de pasiones
por ti mi amor soñó.

Sentí que el amor había germinado
y que tú eras el prado
donde podría crecer...
pero no fue así, me había equivocado
el amor se ha esfumado
no lo puedo creer.

Cual planta delicada, así es el amor...
en el jardín del ensueño se debe cultivar
para que crezca fuerte, con sublime vigor
con cariño y ternura, radiarla de calor
con lagrimas del alma, se debe de regar.

A veces es muy árido ese suelo escogido
para plantar la tierna semilla del amor
o tal vez es uno quien no ha sido elegido
no me nombro Cupido para plantar la flor.

Caminare bien firme, yo sé que encontrare
un suelo mustio y fertil, y aunque sufro dolor
una nueva semilla, allí yo plantare
con cariño y ternura, siempre la cuidare
y veré florecida, mi planta del amor.

Sentirte Mía

Yo quisiera ser las sombras
donde reposa tu orgullo
porque yo deseo ser tuyo
y oír que en sueños me nombras.
El lugar donde retornas
al final de un bello día
ser parte de tu alegría
y también de tu tristeza
mi mas inmensa riqueza
el poder sentirte mía.

Quisiera ser el perfume
que sobre tu cuerpo llevas
la copa de donde bebas
el cigarrillo que fumes.
Que importa si me consumes
y luego me tirarías
no importa donde caería
allí yo estaría dichoso
por disfrutar el gran gozo
el poder sentirte mía.

Siempre he sido un soñador
y contigo es que yo sueño
que soy tu único dueño
y me siento un triunfador.
Quisiera ser el licor
que con amor probarías
con el cual tu brindarías
en noche de navidad
será mi felicidad
el poder sentirte mía.

Quisiera ser el pañuelo
con el cual secas tus lagrimas
si triste como las animas
se ha marchitado un anhelo.
Ser una nube en tu cielo
feliz con eso seria
cuanta lluvia tiraría
pa poderte humedecer
mi mas inmenso placer
el poder sentirte mía.

Serenata

Perdona que yo venga a perturbar tu sueño
pues quiero ser tu dueño, y te vengo a cantar
con todo el sentimiento, el que invade mi alma
pues ya no tengo calma, al siempre en ti pensar.

Y en esta serenata yo quisiera decirte
que estoy enamorado, de ti linda mujer
que yo me siento tuyo y quisiera pedirte
me concedas la dicha de darte mi querer.

Te juro que te amo, tú eres mi locura
todo mi amor es tuyo, también mi corazón
y que te amare siempre, con toda mi ternura
lo juro y lo prometo, en esta mi canción.

Ahora cierra tus ojos y continua durmiendo
sé que en tu subconsciente, en mi tu pensaras
al saber que hace tiempo yo te he estado queriendo
y que siempre te amo, espero soñaras.

Siempre Mía Serás

Si la gloria de tus besos, me entregaras...
con el néctar de tus labios y su miel...
tal vez luego, quizás te preguntaras
porque motivos a tu amor le soy tan fiel.

Si en un abrazo pasional, tu me envolvieras
y permitieras que te hablara de amor
no habría razones para que confundieras
lo que yo te profeso, Ho mi preciosa flor.

Y una vez convencida que te quiero
entre mis brazos tu siempre estarás
ya que mi amor es tan puro y sincero,
sabiendo que te quiero, siempre mía serás.

Silente Amor

Por ser amor prohibido, jamás podré gritarlo
por ser mujer ajena, yo tendré que callarlo...
y aunque este amor me hiera, de muerte dolorosa
lo mantendré en secreto, lo llevare a mi fosa.

No importa cuanto duela el saber que te quiero...
No importa cuanto sufra al callarlo, mi amada...
sabiendo que es muy puro, este amor cual estela...
me seguirá a la tumba, y nadie sabrá nada.

Yo te amare en silencio...
Dios será mi testigo...
y cuanto yo te amo, jamás imaginaras
que cuanto yo te quiero, tampoco lo sabrás...
a mi tumba se ira, el secreto conmigo.

Si flores salvajes, germinan sobre mi fosa...
crecerán bien fuertes y llenas de color
y cada flor que abra, será una sonrisa preciosa
a al memoria hermosa, de lo que fue este amor.

Si Soñaras

Si el silencio de la noche lo rompieras
con un suspiro, que de lo mas profundo
de tu alma, escapar dejaras...
en el momento tan precioso que sintieras
que eres mía, que soy tuyo...si soñaras.

Que no desees despertar, si estas soñando
que colmada de pasión tu me besaras
que en un volcán de amor te estoy amando
mientras nos contemplamos nuestras caras.

Que al tu mirarme con ternura a mis ojos
un torrente de amor se desbordara
que estoy a merced de tus antojos
y con mis labios toda te acariciara.

Que la tibia transpiración de tu cuerpo
humedezca las cobijas de tu cama
se detenga el reloj, ya no transcurra el tiempo
y que siempre sea así, cuando se ama...

Que se te agite el corazón y que palpite
una vez mas de forma acelerada
que esta escena de amor, veas se repite
y en cada una de ellas, te sientas bien amada.

Cuando los rayos del sol penetren tu ventana
y con tu pelo juegue tiernamente la brisa
despertaras tan feliz esa bella mañana
que radiara alegría, con tu sonrisa.

Soñándote Mía

No sabes cuantas veces
he soñado contigo
de que tu estas conmigo
como tú lo mereces.
Así pasan los meses,
semanas y los días
soñando que eres mía
y no me perteneces.

Contigo sueño
que estas aquí a mi lado
y loco enamorado
me proclamo tu dueño.
Todo esto es un ensueño
y mi vida dari
por yo sentirte mía
pero tu tienes dueño.

Cuando por la plaza
te veo caminando
y tu contoneando
todita tu hermosura
me embarga la locura
no sé lo que me pasa
mi corazón desplaza
solo amor y ternura.

Y es que con tu hermosura
mi amor has conquistado
me siento enamorado
de ti bella criatura.
Y toda tu dulzura
con amor probaría
jamás desistiría
yo te seguiré amando
y seguiré soñando
que tú eres solo mía.

Soñando Que Esto Es Posible

A veces sueño despierto
de que yo duermo a tu lado
y que en un momento dado
tus ronquidos son concierto.
Ya desearía fuera cierto
sé que puede ser factible
pues no eres infalible
convencerte tratare
y mi vida pasare
soñando que esto es posible.

Cuando dormido te sueño
te veo paseando conmigo
el cielo es nuestro testigo
y yo me siento tu dueño.
Pero resulta pequeño
el carrito convertible
con la capota movible
en el que tu y yo paseamos
estacionados nos quedamos
soñando que esto es posible.

En mis sueños eres preciosa
y yo a tu lado durmiera
te juro que te comiera
porque te ves tan sabrosa.
Te ves tan apetitosa
que hasta te creo comestible
te ves tan apetecible
que te quisiera morder
sigo preciosa mujer
soñando que esto es posible.

Sueño me siento a la mesa
y me sirves la comida
y yo te digo mi vida
lo haces con gran destreza.
Es una grata sorpresa
de que eres compatible
también eres accesible
y te puedo acariciar
yo no quiero despertar
soñando que esto es posible.

Sueño a la iglesia nos vamos
y vemos al reverendo
el nos esta bendiciendo
allí las gracias les damos.
Luego de allí nos marchamos
en el mismo convertible
y si algo impredecible
nos pudiera suceder
desearía poder volver
a soñar que esto es posible.

Sufro de Mal de Amores

Yo quise ver al doctor
y pase por su oficina
necesito medicina
para curarme un dolor.
Yo voy de mal en peor
me duele mucho señores
el peor de los dolores
el galeno me ha encontrado
porque me ha diagnosticado
que sufro de mal de amores.

Me enamore a lo adivino
de una preciosa mujer
la que encontré sin querer
en mi tormentoso camino.
Tal ves fue mi destino
la viera como a las flores
que con brillantes colores
me llamara la atención
y afecto mi corazón
pues sufro de mal de amores.

Dice, no hay medicamento
que cure mi enfermedad
que tenga conformidad
al vivir este tormento.
No quiere oír mi lamento
tampoco mis sinsabores
los que son agraviadores
por los que vengo pasando
así es como duele cuando
se sufre de mal de amores.

La espiritista tampoco
con mi causa ha cooperado
me dijo estoy desahuciado
y me estoy volviendo loco.
Dice me patina el coco
y que estoy en los albores
de la locura, señores
mis recursos agotados
que tengo celos pasmados
y sufro de mal de amores.

Tentación

Ho fruto prohibido
te estoy deseando
aunque este pecando
mucho te he querido.
Lo que yo he vivido
hoy me da razón
y sin condición
siempre te amare
por ti sufriré
esta tentación

Aunque tengas dueño
yo espero ese día
que seas toda mía
con eso yo sueño.
Y pondré mi empeño
en esa misión
pues mi corazón
hace tiempo es tuyo
sufro con orgullo
esta tentación.

Tus labios ardientes
a mí me amarraron
cuando me besaron
ante los presentes.
Bien sé que no mientes
con esa reacción
con tanta pasión
que tu me besaras
y así desataras
esta tentación.

Si llega el momento
de yo estar contigo
mi vida te digo
voy a estar contento.
allí en mi aposento
en esa ocasión
sin preocupación
a ti te amare
no resistiré
esta tentación.

Te Quiero

Cuando mi musa se ausente
y ya no pueda escribir
como te podré decir
lo que mi corazón siente.
Si yo corriera esa suerte
estaría en desespero
porque eres lo primero
tu, mi adorado tormento
por eso en este momento
te digo cuanto te quiero.

Cuando mi rima no cuadre
y se me pierda la métrica
entonces tal vez por ética
le consulte a mi compadre.
O tal vez le pida al Padre
postrado cual un cordero
el sabrá, que soy sincero
me dará su bendición
aprovecharé la ocasión
te diré cuanto te quiero.

No quiero dejar para luego
decirte te estoy amando
y que me paso soñando
con esos labios de fuego.
Al Todopoderoso ruego
que en el tiempo venidero
yo sea ese jardinero
que te cuide bella flor
para conquistar tu amor
y decirte cuanto te quiero.

Ya no hará falta papel
bolígrafo, lápiz o pluma
pues como el mar a la bruma
así a ti te seré fiel.
Porque eres el clavel
al que cuidare con esmero
con mi alma de trovero
te cantare melodías
así toditos los días
te diré cuanto te quiero.

Tiempo Tuyo Y Mío

Te dedicare una vida
para poder conquistarte
mi amor yo quiero entregarte
y nada abra que lo impida.
Aunque seas fruta prohibida
en lograrlo yo confió
no importa que sea tardío
que yo lo pueda lograr
bien lo sabré disfrutar
el resto del tiempo mío.

Comenzaré en primavera
y continuare en verano
para yo meterte mano
pues tu me gustas de veras.
De recuerdos y quimeras
en este instante me río
y si un pasado sombrío
te pudiera a ti seguir
me lo debes compartir
y también él será mío.

En otoño ya arderé
candente cual el infierno
y cuando llegue el invierno
bien calientito estaré.
Y es porque al fin te tendré
eso es lo que más ansío
así no sentiré frío
al yo tenerte a mi lado
después de haberlo logrado
el resto del tiempo es mío.

Quisiera el tiempo parar
yo lo quiero detener
para a ti, linda mujer
nunca dejarte de amar.
El reloj no he de mirar
porque marca el tiempo impío
hacia un abismo lo envío
no lo quiero, lo destruyo
para que mi tiempo sea tuyo
y también tu tiempo sea mío.

Trigueñas

Su boca sabe a mangu
Sus besos a concon del bueno
Y aunque yo suba de peso
Besarte es lo que yo quiero.

Ella es mi Morir Soñando
es también mi vitamina
y me le quedo mirando
su figura me fascina.

Ella es la Mamajuana
que me pone alucinado
y me emborracha de amor
ya me tiene enamorado.

A mí me tiene encendido
ardiendo como la leña
no importa donde ha nacido
si es boricua o cibaeña.

Pues me gustan tanto
las lindas trigueñas
las bellas boricuas
y las cibaeñas.

Tu, Mi Cielo

El néctar que de tus labios yo probara
agridulce su sabor me resulto
pura miel, la pasión que desatara
y a limón, el amor que comenzó.

A limón agrio, cuando no te veo
limonada con tus besos de miel
llamarada, al arder en deseos
de tenerte en contacto de piel.

La pasión de tus caricias me transportan
a la gloria infinita del placer y el amor
y tus besos ardientes mi alma reconfortan
al sentirme tan tuyo me siento triunfador.

Aunque me sepan agrios aquellos momentos
cuanto no puedo verte y te quiero mirar
siento que me invaden dolorosos tormentos
y recurro al teléfono para poderte escuchar.

Cuando tú al contestar, saboreo la dulzura
de tu voz tan hermosa, tan tierna y tan sensual
te escucho como a un ángel con toda tu ternura
me relaja completo tu voz angelical.

Que pase la semana siempre ansío
y que llegue el weekend para poderte ver
cuando caiga la noche con eses clima frío
brindarte mi calor y también mi querer.

Si la noche, estrellada pudiera mostrarse
por cada estrella hermosa un beso te daré
y a la luna plateada en el cielo posarse
ante esos testigos yo siempre te amare.

Si faltaran la luna, luceros y estrellas
y la negrura de la noche de amor nos envolviera
disfrutaría a tu lado de las cosas más bellas
mi cielo seria claro si a tu lado estuviera.

Verbo Amar

Permite que me mire, yo en tus ojos
permíteme observar, de muy cerca tu rostro
si quieres que te implore, yo te imploro
si es necesario, a tus pies de rodillas me postro.

Sabes bien que he deseado, muy cerca de mí verte
tan cerca que tu dulce aliento lo pueda percibir
es que con tus encantos me logras seducir
provocando en mi ser, las ansias de tenerte.

Me invade la emoción
y a ella se aferra con fuerza el sentimiento
en espera de ese precioso momento
en que lleno de amor, te entregue el corazón.

Espero lo recibas como divina ofrenda
y también reciproques con todo tu querer...
porque eres para mí la mas linda mujer,
la más hermosa flor, la mas preciada prenda.

De toda inhibición, espero te liberes
te sientas relajada, jamás te sientas tensa
que sientas el placer, el de sentirte amada...
y sientas que te quiero, en una forma inmensa.

Que el néctar de tus labios sea el que me fortifique
y el dogma de tus brazos bien sea para acentuar
y la pasión en mi alma, por ti se multiplique...
cada vez que conjugue, contigo el verbo amar.

Brindis de Boda

Gracias a todos los presentes
por estar aquí reunidos
y servir como testigos
gracias de nuevo a mi gente
yo se bien muy conciente
mi hijo se había decidido
y hoy la bendición ha recibido
en un matrimonio sagrado
un acto muy de mi agrado
yo me siento complacido.

Mi esposa que no se aflija
y se aplique lo que me dijo
que no hemos perdido un hijo
hemos ganado una hija.
Ivan con su mente fija
que cumpla su cometido
el de ser un buen marido
que nunca tenga un desliz
de que haga a Janette muy feliz
me sentiré complacido.

Mis hijos recién casados
reciban mi bendición
que de puro corazón
en nombre de Dios les he echado
es el momento apropiado
ahora a todos le pido
que con el champagne servido
brindemos en amistad
por su eterna felicidad
que sean por Dios bendecidos.

Milagro de Unión Familiar

Un ángel bajo del cielo
y sus poderes perdió
pues su trabajo asignado
parece se le olvido.

El unir a la familia
el Señor le encomendó
pero una vez en la tierra
el ángel procrastinó.

De bastante tiempo extra
de hecho necesito
con la bendición del cielo
su misión el completo.

Con mucha fe y esperanza
arduamente trabajo
la familia quedo unida
el milagro se logro.

Feliz Día de Las Madres

Niña venturosa que fémina has nacido
recibistes del cielo la bendición del Padre
al convertirte en mujer, que ha der. tu destino
tendrás la misión de convertirte en madre.

Traerás a este mundo una bella criatura
que por Dios bendecida, nacerá de tu vientre
la cual amaras y darás tu ternura
criaras, mimaras y cuidaras por siempre.

Como madre abnegada muy llena de cariño
velaras de los sueños de tu linda criatura
lactaras de tus senosa tu precioso niño
mientras le sonreirás, muy llena de ternura.

Lo veras crecer y convertirse en hombre
y aun así lo has de ver, como si fuera un niño
no querrás aceptar que tu niño ya es hombre
pues tu amor para el es de madre, y de madre el cariño.

Venturosas aquellas que ya tienen sus niños
Y así han recibido la bendición del padre.
Reunidas hoy, muy llenas de cariño
celebran felices el día de las madres.

Madre

Madre, la palabra de hoy
yo la quiero analizar
según la puedo apreciar
a esta tarea, si me doy.
Y muy seguro que estoy
de acuerdo conmigo estarán
se que visualizaran
completa mi analogía
en este precioso día
también las felicitaran.

La "M" es por magnitud
pues la Madre es lo mas grande
la que el corazón expande
lleno de bondad, que virtud.
No tiene similitud
no se puede comparar
muy difícil de igualar
esta llena de nobleza
clave para su grandeza
en el ceno del hogar.

La "A" significa amor
el que es muy puro y sincero
cuando pronuncia un te quiero
lo dice con gran favor.
Es la que sufre dolor
si un hijo se ve afligido
si estuviese adolorido
por alguna enfermedad
demostrando en realidad
el amor que le ha tenido.

La "D" por dedicación
la madre es dedicada
y también es abnegada
al echar su bendición.
La que ama sin condición

y les brinda su confianza
y con mucha fe y esperanza
guía a sus hijos al futuro
aunque el camino sea duro
se dedica a su crianza.

La "R" es de responsable
en el ceno del hogar
el dedicarse a criar
de una forma razonable
sabemos es indudable
su firme responsabilidad
pues tienes seguridad
y camina a paso firme
no esta de mas que confirme
esa bella cualidad.

La "E" es de especial
pues Dios la seleccionara
para que ella procreara
por mandato celestial
démosle así el sitial
que como madre merece
que con su fruto enaltece
ese mandato divino,
cumpliendo así su destino
que al dar su fruto florece.

Madre, que significas tanto
como cada letra dice
yo se que Dios te bendice
y te cubre con su manto
por eso entono mi canto
hoy muy sublime y profundo
y con mucho amor fecundo
les deseo felicidades
a estas personalidades
todas las madres del mundo.

En Mis Palabras

Serás Madre

Mujer que al mundo viniste
a cumplir con la misión
para que la procreación
continúe interviniste
que nadie se sienta triste
pues un nuevo ser se anhela
como parte de la estela
de nuestra generación
y a tu mamá, que emoción
la convertirás en abuela.

Abuelos también serán
los padres de tu buen esposo
el cual no tendrá reposo
siendo así un padre ejemplar
con mucho ahínco y afán
muy fuerte ha de trabajar
para ayudarte a criar
la familia que has comenzado
él será un padre abnegado
siendo así un padre ejemplar.

Y tú podrás disfrutar
el crecimiento de tu nena
envuelta en la gran faena
de poderla levantar
a la hora de educar
ella irá a buena escuela
en la educación se vuela
pues ha de ser inteligente
una niña sobresaliente
igualita que su abuela.

Que el Señor hoy te bendiga
ya que madre vas a ser
y la niña que va a nacer
será tu hija y tu amiga
lo que tu madre te diga
lo dirá por experiencia
y debes tener paciencia
al a tu niña criar
y juntas podrán lograr
tener preciosas vivencias.

Sueños de Un Padre

Los gallos están cantando
ya mismo el alba se asoma
y por sobre de la loma
se verá el sol alumbrando.
Turpiales se oyen silbando
me tengo que levantar
para el cafecito colar
despertaré a mi mujer
muchas cosas hay que hacer
temprano hay que comenzar.

Yo les he podido enseñar
lo que aprendí de mi padre
y también con el compadre
algo se han podio orientar.
La tierra han aprendío a amar
porque les enseñe a amarla
pero eso de cultivarla
no les es fácil de entender
de ella sí, saben comer
pero no bien trabajarla.

Mientras el café se cuela
hay que arreglar los muchachos
pa' que vayan vivarachos
tempranito pa' la escuela.
Y mi pensamiento vuela
hacia a un mejor futuro
para eso trabajo duro
y bien los quiero educar
pues no los quiero dejar
con un porvenir oscuro.

Quiero que en la escuela sigan
que no me den un desliz
así me harán muy feliz
y que Dios me los bendiga.
No me importa que alguien diga
de que estoy criando vago
yo sé muy bien lo que hago
pienso en un buen porvenir
que no tengan que sufrir
todos estos mis estragos.

Sueño de Un Padre cont.

Y sueño con ese día
que llegue la graduación
todo lleno de emoción
festejaré de alegría
a to' el mundo gritaría
mis hijos se han educao
y en medio del soberao
abrazaría a mi mujer
quién me ha sabío comprender
y en to' esto me ha apoyao.

Uno médico, otro ingeniero
y ya se irán con la NASA
aunque quede solo en casa
lo mejor para ellos quiero.
Aunque en verdad prefiero
tenerlos cerca de mí
en el pueblo en que crecí
ó en otro pueblo adyacente
relecionaos con la gente
con que siempre compartí.

Pero hay que dejarlos ir
que busquen su buen futuro
no quiero ser casquiduro
hay que dejarlos vivir
que labren su porvenir
ya sabré yo consolarme
pues tendré que recordarme
que lo mejor pa' ellos quería
seré feliz cada día
que vengan a visitarme.

OH, mil gracias padre amado
por permitirme soñar
permíteme realizar
este mi sueño dorado
perdóname si es pecado
lo que acabo de implorar
ayúdame a levantar
tú tienes mi gratitud
concédeme, señor salud
para por esto luchar.

El Abuelo

Con su cabello, teñido de canas
su piel arrugada, y caminar despacio
pero goza, disfruta y ríe con ganas
a rendirse ante el tiempo, ha sido reacio.

Él nos cuenta historias de sus grandes vivencias
nos recuerda dichos, de allá, del pasado
ha vivido tantas bellas experiencias
aún tiene energía, no luce cansado.

De su niñez cuenta, de sus travesuras
y recuerda siempre sus buenos amigos
con quienes compartiera tantas aventuras
y que de esos datos, fueran sus testigos.

Recuerda su escuela con gran emoción...
también sus maestros y hasta su tutor
los que le guiarán en su educación
y también recuerda su primer amor.

Él recuerda el campo, con felicidad
el que un día dejará por la gran ciudad
muy arduamente allí trabajó
loco enamorado, dice se casó
crió varios hijos, y los educó
y unos tantos nietos El Señor le dio.

Por sus grandes logros, lo felicitamos...
por su gran ejemplo, cuanto le admiramos
por su gran nobleza ha ganado el cielo
y de quién les hablo, ese es el abuelo.

Mi Bandera

Me debo ir preparando
para el momento postrero
yo les voy ha ser sincero
aunque no me esté gustando.
Eso es así, para cuando
llegue me hora postrera
les juro que aunque no quiera
de aquí me tengo que ir
al momento de partir
envuélvanme en mi bandera.

Y si un velorio me hacen
les pido que no me lloren
pero con flores decoren
con eso a mí me complacen.
Sí, que sean de las que nacen
cerca del río en la rivera
de la eterna primavera
de mi bello Puerto Rico
y por Dios, yo les suplico
envuélvanme en mi bandera.

Aquel que al velorio asista
debe cantar by bailar
está prohibido el llorar
mientras mi memoria exista
mi alma de pacifista
no reconoce frontera
que se diga por doquiera
que al momento de partir
fue que yo me quise ir
bien envuelto en mi bandera.

De mi bandera, sí de ella
siempre he estado satisfecho
quiero que adornen mi pecho
con esa preciosa estrella.
Allí lucirá muy bella

ese día en que yo muera
por ella mi vida diera
no la entierren en mi fosa
para que hondee primorosa
siempre sola mi bandera.

Al llevarme al campo santo
que no me entierren con ella
para que brille su estrella
y así se escuche mi canto.
Que tal vez una quimera
porque la quiero de vera'
quiero que luzca preciosa
al verse sobre mi fosa
sola flotar mi bandera.

No seré ningún patriota
Ni soy héroe nacional
Pero como ser racional
Mi alma ha ella es devota.
Por eso en esta nota
lo digo por vez primera
de ella mi alma es entera
y sentiré satisfacción
al verla con emoción
flotar sola mi bandera.

Al momento de mi entierro
les pido que allí me canten
y que mi bandera planten
en alta hasta de hierro.
Pa' que se vea desde el cerro
háganlo de esta manera
quiero que luzca cimera
así la deseo tener
y que todos puedan ver
flotar sola mi bandera.

Nuestro Suelo Borincano

Como humilde trovador
hoy aporto al pentagrama
me inspira a mí el panorama
de mi tierra y su candor,
soy muy buen conocedor
de el bello monte y de el llano
entraría en un mano a mano
con el mejor versador
siempre que sea admirador
de mi suelo borincano.

A mi isla llamó preciosa
el maestro Rafael
y yo siguiéndole a él
hoy le llamaré hermosa.
Es mi isla fabulosa
la admira el americano
y todo buen ciudadano
nacido allá en sus entañas
en las preciosas montañas
de mi suelo borincano.

Las frutas, salvajes crecen
el guineo, el mangó, la piña
y perfuman la campiña
las plantas cunado florecen.
Todo esto lo embellecen
los rayos del sol temprano
que al radiar algún gusano
lo convierte en mariposa
es mi isla primorosa
nuestro suelo borincano.

La flora y la fauna unidas
un bello contraste hacen
puesto que en mi tierra nacen
y les entregan sus vidas.
Bendiciones recibidas
que percibo como humano
que al alcance de mi mano
las tengo para palpar
yo siempre he de admirar
nuestro suelo borincano.

Orgulloso de Ser Borinqueño

Soy como el Coquí
me siento patriota
así en ésta nota
lo digo yo aquí.
Porque allí nací
soy Puertorriqueño
y con mucho empeño
lo digo con gozo
que estoy orgulloso
de ser Borinqueño.

Cuando el cuatro escucho
y también el güiro
a cantar me inspiro
y en eso soy ducho.
Al versar yo lucho
por ser halagüeño
pues desde pequeño
viví jubiloso
y estoy orgulloso
de ser Borinqueño.

Si en el campo fue
donde tu naciste
donde tu creciste
gózalo con fe,
que pueblo no sé
Lareño ó Ponceño
Utuadeño ó Cagueño
no seré celoso
pero sí orgulloso
de ser Borinqueño.

Gracias Padre amado
de haber permitido
que yo haya nacido
en tan bello prado.
Me siento halagado
y con él yo sueño
de al jardín Riqueño
verlo primoroso
yo vivo orgulloso
de ser Borinqueño.

Entre mis hermanos
yo puedo cantar
y puedo versar
pa' que nos unamos
démonos las manos
grandes y pequeños
blancos y trigueños
que esto es fabuloso
vivamos orgullosos
de ser Borinqueños.

Patria Libre y Soberana

Para mi tierra yo espero
libertad y autonomía
y espero yo que algún día
se logre lo que yo quiero.
Lucharemos con esmero
de tarde, noche y mañana
horas, días y la semana
para así poderla ver
y al fin podamos tener
patria libre y soberana.

Del opresor liberarnos
y del yugo que nos oprime
hasta que esto no te culmine
no podemos achantarnos.
No debemos conformarnos
con la vida cotidiana
pues si uno no se afana
nada se puede lograr
y queremos alcanzar
patrial libre y soberana.

Al hacer una analítica
de nuestra actual situación
a nuestra constitución
merece una buena crítica.
Hay que entrar en la política
a ver como se subsana
y ver como se proclama
pronto nuestra libertad
al ver con felicidad
patria libre y soberana.

El día que la libertad
finalmente consigamos
seguro que celebramos
llenos de felicidad.
Con mucha tranquilidad
nuestra isla se engalana
sabiendo que en el mañana
todo ha de ser mejor
y lucirá su candor
patria libre y soberana.

Pensando en Puerto Rico
Guaracha

Borinquén cuanto te extraño
desde que estoy por afuera
hecho de menos tus playas
y tus preciosas palmeras
hasta el verdor de tus montes
y el sol en la cordillera
los tengo fijo en mi mente } bis
me acompañan por doquiera } bis

CORO
Cuanto extraño a mi bello Puerto
Rico, ese Edén, la tierra del hay
bendito.

Representando tu fauna la Reinita
y Coquí
y de tu flora la Maga
los hecho de menos aquí
yo siempre estaré soñando
y es con regresar a tí
mi Puerto Rico querido } bis
yo vivo pensando en tí } bis

Repetir CORO

Extraño el sonar del cuatro
y hasta el sabor del Mabí
arroz con dulce y pasteles
aunque los consiga aquí
te juro que no me saben
como los que hacen allí
mi Puerto Rico querido } bis
yo vivo pensando en ti. } bis

Repetir CORO

Y tus fiestas patronales
que buenas se dan allí
no son como estos inventos
los que se hacen aquí
aunque traigan tus artistas
para que canten por ahí
te juro ninguno canta
como tu lindo coquí.

Repetir CORO

En Mis Palabras

Bajo la Luz de la Luna

En una noche estrellada
la majestuosa montaña
preciosamente se baña
de un rayo de luz plateada.
En esa, mi patria amada
de nacimiento mi cuna
como ella no habrá ninguna
lo aseguro y certifico
bello es mi Puerto Rico
bajo la luz de la Luna.

Y los coquies simplemente
nos cantan sus serenatas
posados sobre las matas
que adornan el medio ambiente.
se escucharán dereprente
completita su comuna
ya que mi tierra ejemplar
el que se puede escuchar
bajo la luz de la Luna.

Los luceros cual diamantes
Sobre los moños de las palmas
reconfrontan bien las almas
de enamorados amantes.
Aunque brillan muy distantes
iluminan la laguna
que por suerte y por fortuna
todo nos luce muy bien
que bella es mi Borinquén
bajo la luz de la Luna.

La blanca arena y la palma
a la orilla de al mar
bien se pueden apreciar
en esas noches de calma
sus montañas de mi alma
de color verde aceituna
me indican que solo es una
y hoy mis versos le dedico
a mi bello Puerto Rico
bajo la luz de la Luna.

Raíces Cultivando

Al extranjero viajamos
nuestra patria quedó atrás
pero de ella jamás
nosotros nos olvidamos.
No importa donde vayamos
la estaremos recordando
la seguiremos amando
con devoción y ternura
y también nuestra cultura
sus raíces cultivando.

Nuestro pueblo y sus refranes
y el vendedor ambulante
que con su altoparlante
ofrece dulces y panes.
Otros con sus ademanes
parecen estar saludando
y también de vez en cuando
un pintor con su pintura
aportan a nuestra cultura
sus raíces cultivando.

Tanto su Fauna y su Flora
de lejos las extrañamos
es porque siempre añoramos
ver allí nacer la aurora.
Es algo que se atesora
yo lo vengo divulgando
lo hermosos que era cuando
nos caía el atardecer
nuestra cultura haré crecer
sus raíces cultivando.

La música con devoción
de nuestra patria es el alma
nos brinda la paz y calma
muy dentro del corazón.
Es la más grande razón
para hoy estar fomentando
que otros continúen disfrutando
nuestra música de altura
seguiremos de nuestra cultura
sus raíces cultivando.

La Salsa de la Montaña

En la urbe campesina
de mi isla del encanto
alegremente le canto
a mi preciosa vecina.
Ella es toda una felina
pues hasta pica y araña...
Ella mueve sus pestañas
dulcemente al coquetear...
así me invita a bailar
la salsa de la montaña.

Le llevaré serenata
con cuatro, guitarra y güiro.
Le diré cuanto la admiro
espero que le sea grata.
En una forma sensata
le diré cuanto se extraña
el dulce néctar de caña
de tus labios al besar
motivos para inspirar
la salsa de la montaña.

La bomba, el seis chorreao,
la danza, mazurca y plena
como las baila esa nena.
en medio del soberao,
de esa estoy enamorao
y en una zona aledaña
le construiré una cabaña
la tengo que conquistar
a ella le voy a cantar
la salsa de la montaña.

Si me ha de corresponder
pues la amo y no lo niego
si me da el "sí," me la llevo
este mismo anochecer.
Su mamá no lo puede saber
pues es una vieja huraña
si se entera la regaña
no me la podría llevar
solo tendría que bailar
la salsa de la montaña.

Sembrar la Yuca

Hablando de cultivar
tal vez yo no sea el mejor
pero como agricultor
he practicado el sembrar.
Y les voy a mencionar
lo que planté en mi tierruca,
ñame del que se embejuca
no lo tomen a relajo
pero pasé gran trabajo
pa' poder sembrar la yuca.

También sembré un batatal
cerquita de los Collazos
y con mi daga dando pasos
saqué cerca de un quintal.
Que sabroso vegetal
me decía Doña Puruca
y la viuda de Machuca
decía que estaban bien buenas
pero pasé mil condenas
pa' poder sembrar la yuca.

Guineos, plátanos, yautía
también pude cosechar
y los llevé a cocinar
allá en casa de una tía.
De ellos ella compartía
con su vecina Maruca
quien tenía una perra tuca
que me ladró cuando llegué.
Mucho trabajo pasé
pa' poder sembrar la yuca.

Malanga, guineos gigantes,
mafafos, parchas y piña
coseché en la campiña
habas, gandules, guisantes.
Observé a mis contrincantes
y aprendí, pues eso educa,
el aprender no caduca
y no quiero hacer alarde
no importa cuanto me tarde
yo voy a sembrar la yuca.

Guillo: El Manda Más del Güiro

La música campesina
hoy se encuentra en desespero
porque un tremendo güirero
nos dice que se retira.
Quiero pensar es mentira
y hasta yo exhalo un suspiro
porque con este retiro
habrá una pérdida fatal
la música no será igual
sin el Manda Más del Güiro.

El güiro va a descansar
y descansará la pulla
en una noche de trulla
mucho se le ha de extrañar.
Ya no se podrá escuchar
tampoco en un son güajiro
la música toma otro giro
todo sonará sencillo
cuando ya no toque Guillo
que es el Manda Más del Güiro.

En la música continúa
ya se verá en el teatro
lo oiremos tocando el cuatro
lo sé bien, él no es picúa.
Por eso así se acentúa
el mencionado retiro
que sepa que yo le admiro
y nunca será olvidado
y sí muy bien recordado
como el Manda Más del Güiro.

Navidades Borinqueñas

Se escucha el leve murmullo
de la brisa fresca y suave
con un aroma a casabe
a majarete y zorrullo.
Los que se hacían con orgullo
en toda comunidad
algo sencillo en verdad
y valga la redundancia
que se servían en abundancia
al llegar la navidad.

Almojábanas, el flan,
tembleque y arroz con coco
de los que nadie comía poco
se consumían con afán
los que recuerdan están
pensando en el buen lechón
asado sobre el carbón
dando vueltas en la varita
y de pitorro una canequita
que ese era nuestro ron.

Ya en el batey afinando
se escucha al gran cuatrista
junto con el guitarrista
y el del güiro esta raspando
y es que ya están ensayando
para el baile de esta noche
que brillará como broche
de oro pulido que invita
para esta fiesta exquisita
y todo será un derroche.

Y se comienza en parranda
se van cantando aguinaldos
los que interpretan los bardos
mientras de casa en casa se anda
y eso si, como Dios manda
ordenados y en hermandad
con toda la vecindad
compartiendo ron y vino
para alegrarse el camino
celebrando navidad.

El grupo sigue creciendo
se han unido los vecinos
que a lo largo de los caminos
han estado compartiendo
y se estarán deteniendo
en la casa del compay
levantarán la comay
al son de una buena trulla
que a la cultura contribuya
también con un le lo lai.

Una vez en el interior
de la casa ya selecta
se comenzará la fiesta
y todo será un primor
allí abundará el amor
bailará el joven, el anciano
el primo, el tío, el hermano
y hasta el desconocido
que bien ha sido recibido
como todo ser humano.

Navidades Borinqueñas cont.

Al momento de comer
arroz con gandules, lechón
arroz con dulce, turrón
también algo de beber
pues siempre han de tener
el muy sabrosos coquito
el cañita curadito,
el cual tengo en mi memoria
y en las páginas de la historia
del legendario "hay bendito."

De los pasteles no me olvido
si me dan para que escoja
yo me los como en la hoja
después que este bien cocido
de todos es conocido
los hay de arroz, yoca y maza
alguien los hacía en su casa
y repartía a la vecindad
un gran gesto de bondad
la que hoy es muy escasa.

Al baile entrar en calor
y en medio del soberao
un sabroso seis bombeao
a la fiesta da color
el varón tira su flor
para tratar de conquistar
la dama, con la que al bailar
él le tirará el bombazo
hablándole del flechazo
y también del verbo amar.

Entrada la madrugada
se saborea un asopao
el mismo que han preparao
con la gallina robada
y se continua la jarana
bailando hasta el amanecer
pues todo ha sido un placer
y se sienten complacidos
con los momentos vividos
desde aquel anochecer.

Pero un día muy especial
era ese, El Día de Reyes
en toditos los batelles
era algo sin igual
con bendición celestial
juguetes se intercambiaban
por la hierba que empacaban
para dar a los camellos
esos momentos tan bellos
en que todos celebraban.

Hasta las octavitas se extienden
nuestras fiestas navideñas
las que son muy borinqueñas
nuestros hermanos entienden
es parte de su abolengo
yo lo digo y lo sostengo
estoy en lo cierto, soy sincero
no hay otro pueblo más fiestero
como el cual yo provengo.

Navidades Borinqueñas cont.

Así eran las navidades
en mi Isla del Encanto
bajo del celestial manto
junto a nuestras amistades
tanto en campo y en ciudades
celebrarlas era un premio
y al pertenecer al gremio
con placer las celebramos
con amor las recordamos
en este viernes bohemio.

Las Octavitas

Las navidades pasaron
y aún queremos festejar
algo se tenía que inventar
si ganas de fiestar quedaron
al igual que yo, muchos desearon
continuar las fiestecitas
porque es que son sabrositas
desde el pueblo al alto pico
en la Casa de Puerto Rico.

Un güiro muy bien tocao
se oirá en la noche de farra
también se oirá la guitarra
y el cuatro bien repicao
bailando en el soberao
se verán las parejitas
con las canciones favoritas
de nuestro bello folclor
y así pondremos sabor
al celebrar las octavitas.

Vocalistas muchos habrán
con sus bellas interpretaciones
de sus preciosas canciones
que recuerdos nos traerán
y también disfrutarán
sus bebidas favoritas
incluyendo cervecitas
casi de novias vestidas
y suculentas comidas
al celebrar las octavitas.

Es costumbre borinqueña
que nació allá en la altura
es parte de nuestra cultura
la que es muy puertorriqueña
hoy el público se empeña
en esta noche bonita
de una forma muy exquisita
aquí la cultura honrar
jamás se nos ha de olvidar
celebrar las octavitas.

A Rafael Hernández

Honoramos a un compositor
quien en Aguadilla naciera
y a nuestra isla le diera
su inspiración como autor.
Tal vez siendo precursor
de nuestra música grata
que en una forma sensata
su musa sobresaliera
y que sus mejores versos a Puerto Rico escribiera
de Rafael Hernández se trata.

Docenas de grabaciones
logra con el grupo Victoria
dejando así para la historia
sus bellísimas canciones
con otras agrupaciones
muchos números grabó
los que el público aceptó
en México y el Caribe
en nuestras memorias aún vive
por lo mucho que gustó.

Ya a los 13 años componía
a San Juan el se mudó
y con Manuel Tisol se unió
a la orquesta que él tenía.
Pero escuchen que ironía
después que unos discos había grabado
por el ejército es reclutado
para la banda militar
teniendo así que viajar
lejos del terruño amado.

En Cuba nuestro jibarito
un alto sitial se disputa
cediéndole a él su batuta
el maestro Alfedo Brito
por su gusto tan exquisito
la música era un vergel
en cada rima un clavel
que del pentagrama brotara
y de grandes cantantes se rodeara
así como René Cabel.

Así a Europa conoció
y luego a Nueva York visita
también a Cuba la bella islita,
donde varios años él vivió
luego a Nueva York regresó
allí el tríos Borinquen lo forma
él establece su norma
todo lleno de ilusiones
logrando más de cien grabaciones
y con eso se conforma.

A Puerto Rico regresa
y la encuentra tan hermosa
que al componer "Preciosa"
a nuestra isla él le reza
un gran amor le profesa
a nuestra Borinquen de verdad
mostrando así su lealtad
y también su patriotismo
catalogándose a sí mismo
hijo de la libertad.

A Rafaél Hernandez cont.

Venus, Desmayo, Inconsolable,
Campanitas de Cristal
le ganaron el sitial
de compositor inigualable
con su musa inagotable
compuso más de dos mil canciones
que hoy nos llenan de emociones
recordando a éste hermano
y a El Lamento Borincano
otra de sus composiciones.

Rafael gracias te damos
en este póstumo homenaje
por cantarle a ese paisaje
del Puerto Rico que hoy recordamos
y tal ves nunca podamos
contar completa tu historia
y con Dios allá en la gloria
compartirás de tu arte
acá habremos de recordarte
y honraremos tu memoria.

Chago Alvarado

Sean bienvenidos bohemios
a esta noche de bohemia
donde el arte bien se premia
y sus aplausos son los premios.
Para los que son de estos gremios
y esta noche homenajeado
es un autor bien cotizado
gran artista y fue un gran hombre
ustedes conocen su nombre
Santiago "Chago" Alvarado.

En Ponce fue que nació
un 10 de agosto de 1920
permítanme que les cuente
junto a Don Julio, su padre, creció.
De él, el arte lo heredó
Don Julio era compositor
y al ser su progenitor
un poeta muy cabal
de esa herencia musical
Chago fue recibidor.

En su adolescencia comenzó
en su barrio La Cantera
como flor en primavera
su primer trío lo formó.
Muy joven se trasladó
a San Juan y sin vacilaciones
con varias agrupaciones
tuvo participación
mientras ponía el corazón
en sus preciosas canciones.

A mediados de los cuarenta
a N.Y. él se traslada
fue propicia su llegada
según la data nos cuenta
pues según se nos comenta
a la música se entrega
por eso muy bien se pega
con la bendición de Dios
haciendo segunda voz
del quinteto Celso Vega.

Éxitos fue cosechando
y tubo muchos honores
y del sexteto Pedro Flores
parte él estuvo formando.
Y Chago siguió avanzando
tomó bien serio el asunto
formó su propio conjunto
y para llenarnos de gozo
luego graba con Corozo
pero ahí él no pone punto.

Con Johnny Albino y el trío San Juan
Por 9 años fue segunda voz
Chago siempre estuvo en pos
componiendo con afán
entre sus canciones están
Desandando, Siete Notas de Amor,
Que Me Hiciste, Gracias a Ti Mi Amor,
En Nombre De Dios y Tu Me Hiciste Quererte.
Luego en Caguas queda inerte en 1982, que muere el compositor.

En Memoria de Gilberto Monroig

Con su guitarra inspirado
entre sus dedos un cigarrillo
con un porte aunque sencillo
un artista consagrado.
En su voz bien afinado
cantante de profesión
que al cantar cada canción
mostraba marcada calma
y ponía toda su alma
en cada interpretación.

Sempiterno fumador
que con el humo adornaba
ambientando el panorama
el afamado cantor.
El Boricua Ruiseñor
por toda la isla cantó
y donde quiera que actuó
lo hizo con gran amor
al exponer nuestro folclor
su toque personal le dio.

Plácido Acevedo compuso
y Mirta Silva también
pero Giberto fue quien
sus mas bellos temas expuso.
El Borincano Caruso
con su voz incomparable
en un tono muy amable
con nosotros compartiera
de Añoranzas y Quimeras
y otros temas inolvidables.

Al interpretar Sin Fe
lo hacía con gran emoción
y creo en esa canción
se consagró como fue.
Ahora a ustedes les diré
jamás lo podremos olvidar
como no le hemos de recordar
si a nuestra patria le cantó
y a su pueblo deleitó
su memoria hemos de honrar.

Gilberto Monroig y otros
bohemios que en el cielo están
allá nos esperarán
para reunirse con nosotros
y yo sé bien que vosotros
me mantendrán bien despierto
porque de hecho, es muy cierto
estamos aquí para recordar
y así la memoria honrar
de el gran Bohemio Gilberto.

Memorias de Bobby Capó

El grandioso Bobby Capó
a través de sus canciones
e innumerables composiciones
un legado nos dejó.
Como cantante ganó
muchísimos admiradores
también fieles seguidores
de su arte y su carrera
logrando posición cimera
entre tantos canta-autores.

Bobby Capó fue nacido
en el pueblo de Coamo
de mi Puerto Rico que amo
siendo bien reconocido
homenaje bien merecido
hoy le rendimos señores
por ser uno de los mejores
que a mi tierra le cantará
y por eso resaltará
entre tantos canta-autores.

A la mujer le cantó
le escribió a la Piel Canela
dejando una larga estela
en el arte que creó.
Su público disfrutó
sus bellas interpretaciones
sus hermosas composiciones
de su musa extraordinaria
siendo una luminaria
entre tantos canta-autores.

Con amor le recordamos
esta noche de bohemia
de esta forma se le premia
y en su memoria brindamos.
Una vez mas disfrutamos
de sus bellas composiciones
convertidas en canciones
llevadas al pentagrama
resaltando así su fama
entre tantos canta-autores.

Con su música viajó
fuera del terruño chico
y soñando con Puerto Rico
creo que así fue que surgió
porque él siempre se inspiró
en nuestra isla señores.
fue cantor entre cantores
le cantó a Borinquen bella
brillando cual una estrella
entre tantos canta-autores.

Memorias de Cheito González

El gran Cheito González
de origen Arecibeño
cantante Puertorriqueño
del grupo de los inmortales
que todas las clases sociales
con amor lo admirara
ya que con su voz se escuchara
en el campo y la cuidad
brindando felicidad
el público le aclamara.

Muchos temas interpretó
con su voz tan celestial
uno de ellos fue Cristal
el cual el público aceptó
y Cheito nos cantó
con mucha dedicación
yo diría con devoción
a su audiencia se entregaba
cada vez que interpretaba
una preciosa canción.

Otro tema inolvidable
seguro que Diez Lagrimas lo fue
señores yo les diré
que le quedó formidable
y siempre será recordable
se ha grabado en la memoria
como parte de la historia
musical que Cheito creó
que don Guarionex González
escribió
para Cheito en su trayectoria.

Muchos temas nos interpretó
pero les diré sin embargo
cuando cantó Fruto Amargo
a todos los impactó
tanto el público lo disfrutó
que en el todavía pensamos
y es porque aún disfrutamos
su inolvidable repertorio
por esto en este auditorio
con amor le recordamos.

Nuestra Carmen Delia Dipiní

En Guabo, PR tuvo que ser
donde a éste mundo viniera
un 19 de noviembre de 1927, fuera
su fecha para nacer.
Sus padres con gran placer
desde el momento primero
la cuidaron con esmero
con todo su amor la amaron
y con este nombre la bautizaron
Carmen Deli Dipiní Piñero.

A la edad de trece años
debuta en forma triunfal
con Don Rafael Quiñones Vidal
comenzando sus escaños
y en los pueblos aledaños
se escuchó su voz preciosa
de la cantante primorosa
que acababa de surgir
todos la querían aplaudir
porque era fabulosa.

Doña Sylvia Resach compuso
y Mirta Silva también
pero Carmen Delia Dipiní fue quien
el toque final les puso.
Y así fue como se impuso
con su voz incomparable
la cual será inigualable
y muy difícil de imitar
la habremos de recordar
su nombre será imborrable.

La más romántica cantante
que Puerto Rico ha tenido
y que al mundo le ha ofrecido
de su arte, digo, bastante
y resulta interesante
lo mucho que ella logró
que hasta Cuba ella viajó
y con la Sonora Matancera grabará
otro pueblo que conquistará
pues a Cuba cautivó.

En México se presentó
en radio y televisión
llamando bien la atención
del público que la escuchó
sus aplausos recibió
con su cariño y su amor
ofrendando su dulzor
a todos sus admiradores
siempre fieles seguidores
de ésta estrella y su fulgor.

Fichas Negras, Dímelo y Todavía
con gran pasión la vivía
y por eso aún todavía
se recuerda con respeto
su repertorio completo
el que siempre ha sido admirado
y nunca será perpetuo.

Con los Andinos grabó
y también con Tato Díaz
muchas bellas melodías
que al pentagrama llevó
pero Dios nos la llevó
aquí se mantendrá su sitial
de cantante bien amada
la cual será recordada
por su voz angelical.

Nuestra Julia De Burgos

En el pueblo de Carolina
un 17 de febrero
en 1914, me entero
nace una joven divina.
Su historia a mi me fascina
pero usted jamás se asombre
porque es de gran renombre
y su vida es linda historia
la que llevo en mi memoria
Julia De Burgos es su nombre.

En su vida fue maestra
periodista y gran poeta
que siempre alcanzó su meta
y la historia lo demuestra.
Ella sí que fue muy nuestra
ejemplar Puertorriqueña
que a la patria Borinqueña
con gran amor dedicó
los versos que le escribió
desde que era muy pequeña.

La naturaleza adoraba
lo demostró con maestría
en cada verso la describía
y su nobleza demostraba.
Como a su patria ella amaba
a su tierra le escribía
su flora y fauna, ella unía
al agua, el cielo, el universo
que inspiraban cada verso
de su preciosa poesía.

Las palabras en desnudez
brotaban en sus poemas
al exponer bien sus temas
con notable sencillez.
Pero con gran sensatez
y en una forma concisa
nuestra grandiosa poetisa
laboró bien cada tema
especialmente su poema
Río Grande De Loiza.

Julia De Burgos marchó
a morar con el Señor
pero a nuestro gran folclor
fue mucho lo que aportó
un legado nos dejó
a través de su poesía
al dedicarle hoy la mía
prometo no será olvidada
y sí muy bien recordada
siempre con mucha alegría.

Tributo a Plácido Acevedo

Reunidos estamos hoy
para honrar un compositor
de muchísimas canciones autor
y de eso fe, yo doy.
A mencionarles yo voy
de la mejor forma que puedo
tal vez corto yo me quedo
de información de éste gran hombre
quiero resaltar su nombre
nuestro Plácido Acevedo.

A Puerto Rico le dio
su musa y dedicación
en cada bella canción
que con amor escribió.
Sus cuitas de amor contó
mostrando así gran afán
siendo él, el gran galán
de la historia que dijera
y explica cuando escribiera
la guaracha El Flamboyán.

Cuando Las Mirlas compuso
en que forma tan sensata
justa para serenata
está claro, no confuso.
Todo el corazón lo puso
para cantarle a su amada
que en una preciosa alborada
tener el dulce embeleso
de poder robarle un beso
sin que ella se despertara.

Fueron muchas sus canciones
junto al Cuartelo Mayarí
las que aún abundan por ahí
gracias a las grabaciones
que nos llenan de emociones
y ante las mismas yo cedo e
levo a mi Dios un credo
en mi solemne oración
para que derrame su bendición
sobre Plácido Acevedo.

En Mis Palabras

Reseñas de Orlando Montalvo

Sé lo conocen muy bien
pero le haré una reseña
a un hijo de mi tierra Borinqueña
un gran ser humano también.
Orlando Montalvo es a quién
hoy rendimos homenaje
un hombre de gran linaje
y la música es su cometido
un fuerte aplauso les pido
para este gran personaje.

En Ponce fue donde nació
un 24 de julio de 1940
según su historia nos cuenta
y a N.Y. se marchó.
Allí fue que se educó
en esa, la gran ciudad
desde su temprana edad
de Borinquen alejado
pero con orgullo ha llevado
siempre la Puertoriqueñidad.

Ángel Montalvo y Rosario Colón
fuero sus progenitores
y también los propulsores
de este gran muchachón.
Que sin duda ó confusión
a la música se inclina
y que con mucha disciplina
la ha sabido cultivar
él siempre nos a de cantar
porque cantar le fascina.

El público te atesora
y su familia, naturalmente
pero muy especialmente
su hija Ynove y doña Dora.
Quién le conoce le adora
porque es un hombre especial
en la música es genial
y más que amigo un hermano
un fabuloso ser humano
con bendición celestial.

Con varios grupos musicales
Orlando ha participado
con los cuales ha cantado
en fechas muy especiales.
De estos grupos sin iguales
Algunos voy a mencionar
Y se los voy a nombrar
Crystal Cords, Sequence, Soñadores
Los Nobles y Los Hispanos, señores
Con los que él logró cantar.

Hoy lo tenemos aquí
con estos muchachos fantásticos
formando el trío Los Románticos
que me fascinan a mí
y se escuchó por ahí
que nunca se va a retirar
que se espera presentar
cantando como se debe
hasta que Dios se lo lleve
para en la gloria contar.

Recordando a Felipe

Reunidos esta noche estamos
para el repertorio recordar
de un cantante singular
del cual no nos olvidamos.
Es que siempre recordamos
a tan extraordinario cantor
es para mi un gran honor
esta noche recordarle
y a él yo he de llamarle
nuestro bohemio mayor.

Felipe Rodríguez es su nombre
en Caguas fue que nació
y a nuestra música él le dio
un matiz de gran renombre.
No es para que usted se asombre
cantaba cual un tenor
llevando a un nivel superior
la música popular
hoy queremos recordar
nuestro bohemio mayor.

Muchas canciones interpretó
China Hereje, La última Copa
y también La Copa Rota
muchas veces nos cantó.
El pública siempre admiró
su alma de trovador
él siempre fue un triunfador
y se ganó su sitial
fue un artista sin igual
nuestro bohemio mayor.

Canciones que en realidad
Aunque tristes nos gustaron
Fueron Los Reyes No Llegaron
También Triste Navidad.
En toda festividad
presente estuvo el cantor
y nos cantó con amor
en todas sus actuaciones
Dios colme de bendiciones
nuestro bohemio mayor.

Como por obra de Dios
Mariano Artau lo escuchó
y muy certero le apodó
por el nombre de "La Voz."
Y Felipe siempre en pos
nos obsequió lo mejor
de su repertorio con el sabor
que siempre nos había cantado
a él yo le he apodado
nuestro bohemio mayor.

En la voz del gran Alberto
acompañado por Lito e Israel
lo recordaremos a él
y se que estoy en lo cierto.
Este será otro concierto
de el gran Felipe el cantor
quien expuso nuestro folclor
bien alto en todo momento
se merece un monumento
nuestro bohemio mayor.

www.ingramcontent.com/pod-product-compliance
Lightning Source LLC
Chambersburg PA
CBHW021021090426
42738CB00007B/858